Sascha Andreas Nitsch

Ich bin genug – und das war nicht immer so

Reihe: Ich bin genug – Die Reise zurück zu mir
Band 1

FSC
www.fsc.org
MIX
Papier aus ver-
antwortungsvollen
Quellen
Paper from
responsible sources
FSC® C105338

Ich bin genug – und das war nicht immer so

Kein Zurück – nur zu mir.

Sascha Andreas Nitsch

Impressum

Bibliografische Information der Deutschen Nationalbibliothek:
Die Deutsche Nationalbibliothek verzeichnet diese Publikation in
der Deutschen Nationalbibliografie;
detaillierte bibliografische Daten sind im Internet über
http://dnb.dnb.de abrufbar.

Verlag: BoD · Books on Demand GmbH, Überseering 33, 22297
Hamburg, bod@bod.de
Druck: Libri Plureos GmbH, Friedensallee 273, 22763 Hamburg

ISBN: 978-3-7693-5455-3

Inhalt

Vorwort

Ich habe dieses Buch nicht geschrieben, um Antworten
zu geben.
Ich habe es geschrieben, weil ich gelernt habe,
zuzuhören.

Zuzuhören, wenn jemand leise wird.
Wenn jemand nicht mehr weiß, wie man fragt.
Wenn ein Blick mehr sagt als hundert Sätze.

In den letzten Jahren durfte ich erleben, wie wertvoll
echte Begegnung ist.
Wie heilsam ein Gespräch sein kann – nicht, weil es
Lösungen bringt, sondern weil es Raum öffnet.
Es geht nicht darum, Menschen auf die „richtige Spur"
zu bringen.
Es geht darum, ihnen andere Wege zu zeigen – und den
Mut zu schenken, sie selbst zu gehen.

Dieses Buch ist kein Ratgeber.
Es ist ein Wegweiser.
Kein GPS – eher eine alte Landkarte mit eingerissenen
Ecken und handgeschriebenen Notizen am Rand.
Mal poetisch. Mal roh. Mal leise. Aber immer echt.

Denn klar – keiner ist in meinen Schuhen gelaufen.

Niemand hat genau das gesehen, was ich gesehen habe.

Aber da draußen ist so viel mehr.

Man muss nur hinschauen.

Hinhören.

Und vor allem: in sich selbst hineinfühlen.

Wenn dieses Buch in einem von zehn Menschen etwas

zum Klingen bringt –

wenn sich nur eine Seele darin verstanden fühlt –

dann war es das alles wert.

Dieses Buch ist für euch.

Für all die Herzmenschen da draußen.

Die stillen. Die mutigen. Die suchenden. Die sich

wiederfinden.

Von Herzen.

Für Herzen.

In Liebe.

– Ich

Kapitel 1: Geboren in der Pflicht

Ich weiß nicht, wann genau ich aufhörte, Kind zu sein. Vielleicht war es nie da. Vielleicht war ich schon immer nur Funktion, nur Antwort auf das, was fehlte. Ein Schattenwesen in einem Alltag, der keine Träume kannte, nur Pflichten. Die Erinnerung fühlt sich nicht an wie ein Film, den man sich wieder und wieder ansehen kann – sie ist eher wie Nebel, der auf der Haut liegt, feucht und kalt, aber nicht greifbar.

Der Wecker klingelte. Und ich wachte auf mit Schweiß auf der Stirn – nicht aus Albträumen, sondern aus Vorahnung. Ich wusste, was mich erwartete: ein Tag voller Enge, voller Erwartungen, voller Rollen, die ich zu spielen hatte, ohne sie je gewählt zu haben. Gemeinsam mit meiner Schwester lief ich zur Schule, nur wenige Minuten, aber schwer wie Blei. In der Hand vielleicht einen Stift, im Herzen aber

das Gewicht von Dingen, die niemand
sehen wollte.

Ich versteckte mich oft auf der Toilette,
während andere lachten, schrien, rangeln,
spielen durften. Ich wollte einfach nicht da
sein. Nicht gesehen werden – und
gleichzeitig nichts sehnlicher als genau das.
Gesehen werden. Wirklich. Nicht bewertet,
nicht korrigiert, nicht benutzt. Einfach
wahrgenommen.

Ich saß immer ganz vorne – nicht, weil ich
gut sein wollte. Sondern weil es der
sicherste Ort war. Wo niemand mich
stoßen konnte. Wo der Lehrer mir näher
war als die, die mich auslachten. Und in
den Pausen? War ich bei den Jüngeren.
Weil die mich nicht verletzten. Weil dort
Platz war für mein zartes Herz, dass sich
zu verstecken gelernt hatte, lange bevor es
überhaupt richtig schlagen durfte,

Zuhause wartete nicht Ruhe, nicht
Geborgenheit, sondern Listen. Zettel.
Aufgaben. Regeln. Struktur war das, was
meiner Mutter Sicherheit gab – und ich
wurde Teil dieser Struktur. Wenn ich
versuchte, mich selbst zu sein, wurde ich
bestraft. Wenn ich Chaos zuließ, weil ich
mich darin wohlfühlte, wurde ich
beschimpft. Ich liebte es, in meinem Lego-
Chaos zu versinken, Stunden lang
Flugzeuge zu bauen, kleine Welten zu
erschaffen – Welten, in denen ich atmen
konnte. Doch das war nicht erlaubt. Alles
musste weg.

Manchmal kaufte ich meine Schwester,
damit sie mein Zimmer aufräumte. Ein
kleiner Deal mit der Ordnung. Aber meine
Mutter durchschaute es oft. Dann gab es
Hausarrest. Strafen. Und dieses Schweigen,
das lauter war als jedes Wort. Wenn ihre
Überforderung sich entlud, wurde ich zum
Ziel.

Und dann gab es da diese eine Szene, die
wie eingebrannt in meiner Seele liegt. Ich
war in der vierten Klasse. Und Marco und
Matthias zogen mir auf dem Heimweg die
Hose herunter, banden mich an einem
Laternenpfahl fest. Ich schrie. Laut. Um
Hilfe. Um irgendetwas. Und es kam
niemand. Bis ein Fremder hielt. Mich
befreite. Mich nach Hause brachte. Aber
dort wartete kein Trost. Kein „Was ist
passiert?" Kein „Ich bin für dich da." Nur
Vorwürfe. Nur Schuld.
Nur die Botschaft: Du hast es verdient.
Irgendwie.

Ich weiß noch, wie ich mir in solchen
Momenten wünschte, einfach jemand
würde sagen: „Ich sehe dich. Ich glaube
dir. Du bist nicht falsch."

Stattdessen sprach ich mit mir selbst.
Schrieb meine Gedanken auf. Flüchtete in
Musik. In Gedankenreisen. Fragte mich, ob
die Fische in meinem Aquarium einander

verstehen. Ob es irgendwo im Universum
Wesen gibt, die sich nicht gegenseitig
wehtun. Ob ich je einer von ihnen sein
könnte.

„Und plötzlich weißt du: Es ist Zeit, etwas
Neues zu beginnen und dem Zauber des
Anfangs zu vertrauen." – Meister Eckhart

Mein Körper reagierte längst, bevor ich
Worte hatte. Bauchweh. Unruhe.
Schlaflosigkeit. Ich funktionierte – aber ich
lebte nicht. Ich atmete – aber ich spürte
mich kaum.

Und doch: Ich hielt durch. Ich überlebte
mich selbst. Ich hielt mich an Büchern fest,
an leiser Musik, an Benjamin Blümchen
und Kuschelrock. Und an der Hoffnung,
dass das nicht alles gewesen sein konnte.

Heute weiß ich: Ich war nie falsch. Ich war
nur zu weich für eine Welt, die Härte
glorifiziert. Ich war zu tief für Menschen,

die nur an der Oberfläche leben. Ich war zu viel – für jene, die sich selbst nicht fühlen konnten.

Und genau deshalb schreibe ich heute. Für dich. Für mich. Für all die Kinder, die gelernt haben, zu funktionieren, bevor sie überhaupt wussten, wer sie sind. Damit sie sich erinnern: Es gibt einen Ausweg. Es gibt eine Stimme in dir, die noch immer flüstert. Die sagt: „Ich bin noch da." Und die gehört werden will.

Mini-Coaching: Kapitel 1 – Geboren in der Pflicht

🔑 Glaubenssätze aus dieser Phase

– Ich bin nur wertvoll, wenn ich funktioniere.

– Liebe muss man sich verdienen.

– Ich darf keine eigenen Bedürfnisse haben.

– Wenn ich mich zeige, werde ich bestraft.

– Ich muss stark sein, damit andere sich sicher fühlen.

💡 Impulse zur Selbstreflexion

– Welche alten Sätze aus meiner Kindheit beeinflussen mich heute noch?

– Wo ordne ich meine Bedürfnisse heute unter – und warum?

– Wann habe ich zum ersten Mal gespürt, dass ich nicht 'richtig' bin?

– Wie reagiere ich heute auf Autorität – und was hat das mit früher zu tun?

⚒️ Wege zur Auflösung / Veränderung

– Identifizieren deine inneren Antreiber – woher kommen sie, wem gehören sie?

– Formuliere einen neuen Glaubenssatz, der dich stärkt – z. B.: 'Ich bin genug, so wie ich bin.'

– Übe dich in Selbstfürsorge – nicht als Luxus,
sondern als deine Basis.

– Sprich deine Geschichte aus – sie verdient
Gehör und Würde.

Kapitel 2: Wenn das Herz schweigt

Es beginnt nicht plötzlich. Niemand wacht morgens auf und beschließt: „Heute verliere ich mich." Nein… es ist ein schleichender Prozess. Wie das langsame Verschwinden von Licht, wenn man durch einen Tunnel fährt. Erst ist da nur ein Hauch von Schatten, dann ein Grau, das immer dichter wird – bis du plötzlich nichts mehr siehst. Und wenn du nichts mehr siehst, spürst du irgendwann nur noch eines: Schmerz.

Und genau dieser Schmerz ist das Einzige, was dich am Leben hält. Weil er beweist: Ich bin noch da. Ich fühle noch. Ich existiere noch – auch wenn ich das gar nicht will. Es klingt paradox, ich weiß. Aber manchmal brauchst du Schmerz, um dich nicht völlig zu verlieren.

Ich erinnere mich an die Zeit, in der ich mir selbst wehtat, nur um *irgendwas* zu spüren. Glasscheiben, blutige Fäuste, Narben, die mehr sagten als Worte je könnten. Nicht, weil ich Aufmerksamkeit wollte – sondern weil ich mich

selbst nicht mehr ertragen konnte. Drei
Suizidversuche. Zwei davon gescheitert. Der
dritte? Da habe ich fast alles richtig gemacht. Der
Tod trat ein. Der Körper kapitulierte. Und dann –
nichts.

Wiederbelebung. Blaulicht. Koma. Wochen, in
denen ich zwischen Welten schwebte, ohne sie zu
kennen. Und dann: Aufwachen. Im Körper, in
dem ich nicht mehr leben wollte. In einem Leben,
das sich immer noch genauso schwer anfühlte wie
vorher – nur mit neuen Narben und neuen
Schuldgefühlen.

Man wollte mich in eine psychiatrische Klinik
bringen – weit weg, auf eine Insel. Ich ging nicht.
Ich blieb. Und doch war ich nicht frei. Sechs
Monate Isolation. Keine Minute allein. Kein
Spaziergang. Kein Raum für mich. Nur
Medikamente, die mich stumm machten.
Mirtazapin. Tavor. Sie wollten, dass ich „am Leben
bleibe“. Aber das, was sie Leben nannten, war für
mich nur ein lähmender Zustand.

Und während mein Körper ruhiggestellt wurde, begann mein Verstand zu arbeiten. Ich beobachtete. Analysierte. Und dann kam die Erkenntnis: Nicht *ich* war das Problem – sondern *dieser Ort*. Diese Menschen. Diese oberflächliche, starre Welt, die nichts für junge Menschen übrig hatte außer Erwartungen und Kälte. Ich musste hier weg. Musste raus aus diesem System, das mich krank gemacht hatte.

Also begann ich, meine Medikamente abzusetzen. Langsam. Heimlich. Ich beendete meine Ausbildung. Ich machte den Führerschein. Und dann… ging ich. Packte meine Sachen. Suchte mir ein WG-Zimmer. 80 Kilometer entfernt, in Freiburg. Das erste Mal allein. Das erste Mal frei.

Keiner, der mir sagte, was ich zu tun habe. Keine Listen. Keine Überwachung. Kein Misstrauen.

Freiheit fühlt sich nicht an wie ein Feuerwerk. Sie ist leise. Fast unmerklich. Aber wenn du sie spürst, weißt du: Das ist der Anfang.

Und auch wenn das Herz lange geschwiegen hat –

irgendwann beginnt es wieder zu flüstern.

Mini-Coaching: Kapitel 2 – Wenn das Herz schweigt

🔑 Glaubenssätze aus dieser Phase

– Ich bin eine Last.

– Niemand versteht mich.

– Es gibt keinen Ausweg.

– Nur Schmerz beweist, dass ich noch existiere.

– Ich darf nicht frei entscheiden, was ich brauche.

💡 Impulse zur Selbstreflexion

– Was war der Moment, in dem ich zum ersten Mal den Wunsch verspürte, zu verschwinden?

– Wie habe ich gelernt, mit meinem Schmerz umzugehen – war es hilfreich oder zerstörerisch?

– Welche Umgebung (Menschen, Orte, Strukturen) hat meine Dunkelheit verstärkt?

– Was brauche ich heute, um mich sicher und lebendig zu fühlen?

🛠️ Wege zur Auflösung / Veränderung

– Sprich deine Geschichte aus – auch wenn es weh tut. Es bringt Klarheit und Verbindung.

– Finde Räume, in denen du *nichts leisten* musst, um akzeptiert zu werden.

– Nutze deine Vergangenheit als Kompass – sie zeigt dir, was du nicht mehr willst.

– Freiheit beginnt oft im Inneren – mit einer
Entscheidung für dich selbst.

23

Kapitel 3: Der erste Atemzug danach

Es war kein Neuanfang, wie man ihn aus den Geschichten kennt, in denen alles sich plötzlich dreht, wendet und heller wird – nein, es war eher ein zögerlicher, tastender Schritt hinaus aus der Dunkelheit, ein erster, noch unsicherer Atemzug nach einem langen Tauchgang in tiefem, kaltem Wasser.

Ich erinnere mich noch genau – 8. Stock, ein schlichter Balkon, der Blick über die Dächer Freiburgs hinüber in den Schwarzwald, ein Kaffee in der Hand, Sonne im Gesicht und ein leises, noch zitterndes Gefühl in der Brust: Das hier... könnte der Anfang von etwas Neuem sein. Mein Hab und Gut war überschaubar, der Hänger, mit dem ein Bekannter mich gebracht hatte, war schnell entladen. Ein kleines möbliertes Zimmer, ein provisorisches Zuhause – und doch fühlte sich alles größer an als je zuvor. Es war nicht viel, aber es war das Erste, was mir wirklich *gehörte*.

Und obwohl ich aufgeregt war, nervös,

verunsichert von all dem Neuen, war da plötzlich auch eine Stille in mir, die ich so lange nicht gespürt hatte. Kein „Du musst", kein „Mach jetzt", kein „Das tut man nicht". Nur ich – und der Moment. Ich nenne es oft rückblickend meine Flucht aus der *Sklaverei*, denn genau das war es: der erste Riss in den Ketten eines Lebens, das mich zu lange klein gehalten hatte.

Am nächsten Morgen, als ich aufwachte, war es leise. Kein Brüllen, keine Tür, die aufgerissen wurde, kein Blick voller Erwartung. Nur ich. Und meine Entscheidung, was ich heute tun würde. Ich streifte durch das Viertel, fremd, aber nicht feindlich. Es roch nach Veränderung, nach Möglichkeit, nach einem Leben, das noch nicht wusste, wer ich sein durfte. Ich war überfordert, ja – denn Freiheit ist kein Geschenk, wenn man nie gelernt hat, wie man sie hält. Doch mit jedem Schritt wurde etwas in mir leichter.

Ich fand Anschluss. Einen kleinen Job, ein paar Menschen, Gespräche, Berührungen, die nicht weh taten. Ich hatte wenig – aber ich war zum ersten

Mal *genug*. Ich zockte viel – World of Warcraft war damals mein zweites Leben. 480 Tage Spielzeit auf meinem Hauptcharakter sprechen ihre eigene Sprache. Ich war jemand dort. Ich wurde gebraucht. Und auch wenn ich heute weiß, dass es Flucht war – damals war es ein Anker. Eine Welt, die mich nicht verurteilte.

Natürlich war da Heimweh. Nicht nach Zuhause – sondern nach der Illusion, dass da ein Ort sein könnte, an dem man nicht immer stark sein muss. Und doch war jeder Besuch in der alten Heimat wie ein stummer Beweis, dass ich dort nicht mehr hinpasste. Es war ein Pflichtgefühl, keine Sehnsucht.

Ich verstand plötzlich so vieles. Auch meine Mutter. Ihren Schmerz. Ihre Überforderung. Ihre Härte. Und ich konnte ihr verzeihen – weil ich die Stärke erkannte, die sie uns unbewusst mitgegeben hatte. Ich konnte leben, kochen, haushalten – nur mit Geld umgehen, das hatte mir niemand beigebracht. Aber das war ein anderes Kapitel.

Meine Werte waren geblieben – Ehrlichkeit,
Dankbarkeit, Verlässlichkeit – doch sie lebten nun
nicht mehr als Schutzmauer um mich, sondern als
Teil von mir. Ich begann, mir selbst Raum zu
geben, Fehler zu machen, ohne mich dafür zu
verurteilen. Erfolg war mir egal. Ich wollte nicht
glänzen. Ich wollte einfach nur leben.

Und dann war da Anna.

Ein Mädchen, das kam, als ich nicht suchte. Die
Geschichte begann banal – ein Blind Date,
organisiert von ihren Freundinnen zum 16.
Geburtstag einer von ihnen. Ich war damals 21.
Mein Profil wurde ausgewählt – zusammen mit
einem anderen. Ich sagte zu. Nicht aus Hoffnung –
sondern aus Neugier.

Das Date selbst? War nichts. Keine Funken, keine
Magie. Nicht mit dem Geburtstagskind. Aber
Anna war da. Ihre Augen, ihre Art, ihr Lächeln.
Wir sprachen. Und plötzlich war da Verbindung.
Keine Liebe, nicht so wie man es sich romantisch
ausmalt – sondern ein Band, das blieb. Mal war sie

ein wenig verliebt, dann ich. Doch wir verstanden:
Wir sollten keine Liebenden sein, sondern etwas
viel Seltenes – echte Freunde.

Diese Freundschaft – diese stille, tragende
Verbindung – hat mich bis heute begleitet. Anna
sah mich. Und sie blieb. Und vielleicht war das der
erste Moment, in dem ich *wirklich* spürte: Ich
bin nicht falsch. Ich bin einfach ich.

Und das... war genug.

Mini-Coaching: Kapitel 3 – Der erste Atemzug danach

🔑 Glaubenssätze aus dieser Phase

– Ich darf mein Leben selbst gestalten.

– Ich bin auch ohne Plan wertvoll.

– Freiheit ist beängstigend – aber sie gehört mir.

– Ich muss nicht mehr jedem gefallen, um gemocht zu werden.

– Ich darf sein, ohne zu funktionieren.

💡 Impulse zur Selbstreflexion

– Wann habe ich zuletzt gespürt, dass ich frei bin?

– Was würde ich tun, wenn niemand Erwartungen an mich hätte?

– Wo in meinem Leben baue ich mir heute 'sichere Orte'?

– Wen oder was konnte ich loslassen, um mich selbst wiederzufinden?

🛠️ Wege zur Auflösung / Veränderung

– Vertraue deinem Tempo. Heilung ist kein Wettlauf.

– Erlaube dir neue Routinen, die Freude bringen – nicht Leistung fordern.

– Erkenne kleine Erfolge: Ein freier Tag. Ein ehrliches Gespräch. Ein stiller Abend.

– Suche Menschen, die dich nicht verändern
wollen – sondern dich erkennen.

Kapitel 4: Verloren & Gefunden

Manchmal, wenn ich an diese Zeit zurückdenke, frage ich mich, wie viele Versionen von mir es in dieser einen Lebensphase eigentlich gab – und wie oft ich mich selbst neu erschaffen habe, nur um nicht ganz zu zerbrechen.

Denn das Verlieren beginnt nicht plötzlich. Es kündigt sich leise an. Mit kleinen Momenten, in denen du nicht mehr weißt, was du eigentlich fühlst. In denen du lachst, obwohl dir eigentlich zum Weinen zumute ist. In denen du zustimmst, während in dir alles rebelliert. In denen du dich im Spiegel ansiehst und das Gesicht kennst, aber die Seele darin fremd geworden ist.

Ich habe mich nicht einmal verloren. Ich habe mich viele Male verloren. Immer wieder neu. Und manchmal war es sogar Absicht – weil es einfacher war, nicht zu fühlen, als mit der Wahrheit konfrontiert zu werden.

Ich war in Beziehungen, die mich nicht nährten,

die mich klein hielten, in denen ich funktionierte, aber nicht lebte. Ich blieb, weil ich dachte, dass das Liebe sei. Oder zumindest das, was davon übrigbleibt, wenn man zu lange schweigt. Ich blieb, weil ich dachte, wenn ich gehe, bin ich allein. Und das war für mich schlimmer als jedes Unglücklichsein.

Ich war in Jobs, in denen mein Wecker morgens lauter schrie als meine innere Stimme. Ich zog mir Anzüge über meine Unsicherheit und fuhr in Büros, in denen man zwar Leistung sah, aber nie Menschlichkeit. Ich verbog mich, nickte, lächelte – bis ich irgendwann nicht mehr wusste, ob irgendwer je das echte Ich gesehen hatte.

Ich kaufte Dinge, die glänzten, weil ich hoffte, sie könnten auch mich leuchten lassen. Ich lebte über meine Verhältnisse, trug Marken, die mir nie gehörten, und Statussymbole, die meine Unsicherheit überschatten sollten. Ich wollte dazugehören. Ich wollte bewundert werden. Vielleicht auch einfach nur nicht übersehen werden.

Aber das größte Übersehen passierte in mir selbst. Ich vergaß, was ich wollte. Wer ich war. Wofür mein Herz schlug.

Und dann wurde ich wütend. Nicht auf andere – sondern auf die Welt. Auf Systeme, auf Regeln, auf Autoritäten. Ich legte mich mit dem Gesetz an, provozierte bewusst, spielte mit Grenzen. Ich war laut, auffällig, kompromisslos. Mein Mittelfinger war meine Sprache, meine Haltung, mein Schutzschild. Es war eine Art zu sagen: „Seht mich endlich."

Ich wusste, dass ich mich selbst zerstöre. Und ich tat es trotzdem. Weil es wenigstens ehrlich war. Weil Schmerz wenigstens echt war. Weil alles andere sich taub anfühlte.

Ich war so vieles in dieser Zeit: der stille Junge, der sich nach Liebe sehnte, aber nicht wagte, danach zu fragen. Der Rebell, der lieber alles niederbrannte, bevor ihn wieder jemand verließ. Der Clown, der alle unterhielt, nur um nicht über

sich selbst sprechen zu müssen. Der Gefangene im
eigenen System.

Und doch – da waren auch diese kleinen
Momente. Diese Lücken im Nebel. Ein Blick. Eine
Begegnung. Ein Satz. Manchmal nur ein Lied.

Ich erinnere mich an einen Wintermorgen. Der
Roller, der mich bei minus 5 Grad zur Arbeit
brachte. Meine Finger taub, mein Atem sichtbar.
Und der Chef, der mir sagte: „Du kannst nichts."
Und ich, der ging. Der einfach ging. Zum ersten
Mal ohne sich zu rechtfertigen. Zum ersten Mal
mit Würde. Ich wusste, dass ich es anders gemacht
hatte. Vielleicht nicht so wie er – aber nicht falsch.
Und ich war es leid, mir von Menschen, die nie
meine Geschichte kannten, erzählen zu lassen, wie
ich zu sein habe.

Oder der Moment mit BMW. Eine Absage. Und
ich, der zurückschrieb. Klar, respektvoll, aber nicht
klein. Drei Tage später: Einladung. Gespräch.
Zusage. Ich hatte für mich gesprochen. Und wurde
gehört. Zum ersten Mal vielleicht.

Ich habe viele Fehler gemacht. Ich habe Menschen verletzt. Ich habe Dinge gesagt, die ich nicht mehr zurücknehmen kann. Aber ich habe nie versucht, mich reinzuwaschen. Ich bin geblieben. Habe Verantwortung übernommen. Mich entschuldigt. Nicht immer perfekt. Aber ehrlich.

Und irgendwann – irgendwann kam die Stille. Nicht die gefährliche Leere, sondern die gute. Die heilende. Die, in der ich mich endlich wieder hören konnte.

Meine Therapeutin war eine Konstante in all dem Chaos. Sie hielt mich. Spiegelte. Widersprach mir, wenn ich wieder dabei war, mich selbst kleinzureden. Und da waren Bücher. Worte. Menschen, die nicht auf meine Maske schauten, sondern darunter blickten. Die mich sahen. Die mich hielten, ohne mich festzuhalten.

Und da war ich. Irgendwann wieder ich. Zögerlich. Brüchig. Aber da.

Heute weiß ich: Ich habe mich nicht nur verloren – ich habe mich auf eine Art auch neu erschaffen. Ich bin nicht der Mensch von damals. Und ich bin auch noch nicht der, der ich vielleicht einmal sein werde.

Aber ich bin näher bei mir als je zuvor.

Und das ist ein verdammt guter Anfang.

Mini-Coaching: Kapitel 4 – Verloren & Gefunden

🔑 Glaubenssätze aus dieser Phase

– Ich muss mich anpassen, um nicht allein zu sein.

– Nur wenn ich stark bin, werde ich respektiert.

– Ich bin nicht liebenswert, wenn ich Fehler mache.

– Ich darf mich nicht zeigen, wie ich wirklich bin.

– Ich bin meine Schuld, meine Vergangenheit, meine Fehler.

💡 Impulse zur Selbstreflexion

– Wann habe ich mich selbst verleugnet, nur um zu gefallen?

– Welche Anteile in mir schreien nach Aufmerksamkeit – und wie gehe ich mit ihnen um?

– Was würde ich tun, wenn ich wüsste, dass ich trotz Fehler geliebt werde?

– Wo war ich mutig, ohne es damals zu bemerken?

– Welche Lügen über mich selbst glaube ich vielleicht heute noch?

🛠️ Wege zur Auflösung / Veränderung

– Lerne, Nein zu sagen – auch wenn es andere enttäuscht.

– Sei ehrlich mit dir selbst, bevor du ehrlich zu
anderen sein kannst.

– Vergib dir Fehler, für die du heute ein anderes
Bewusstsein hast.

– Suche Menschen, die deine Wahrheit aushalten –
und nicht deine Maske lieben.

– Beginne jeden Tag mit der Frage: Was brauche
ich heute, um bei mir zu bleiben?

Kapitel 5: Heilung ist kein Ziel, sondern ein Weg

Heilung... was für ein großes Wort. Früher klang es für mich wie eine Art Versprechen – ein stiller Vertrag zwischen Schmerz und Hoffnung, den man nur lange genug durchhalten müsse, bis plötzlich alles leicht wird. Ich dachte, wenn ich nur genug weine, genug schreibe, genug kämpfe, dann kommt dieser Moment: der Durchbruch, der Umschwung, der Punkt, an dem die Sonne aufgeht und nie wieder untergeht.

Heute weiß ich: So funktioniert es nicht. Heilung ist kein Ziel. Sie ist kein Ort, an dem man ankommt. Keine Tür, die man öffnet und dahinter wartet das Glück. Heilung ist ein Weg – oft kurvig, manchmal unsichtbar, und meist länger, als man je glauben will. Sie ist nicht laut. Sie ist nicht heroisch. Sie ist leise, zart, fast schüchtern. Und manchmal erkennt man sie erst rückblickend – wie das Nachlassen eines Schmerzes, den man so lange getragen hat, dass man gar nicht mehr wusste, wie es ohne ihn war.

Meine ersten Schritte auf diesem Weg habe ich nicht einmal bemerkt. Ich war immer noch mitten im Chaos. Aber irgendetwas in mir war nicht mehr ganz so laut, nicht mehr ganz so zornig. Ich schrie nicht mehr in jede Richtung, wenn ich überfordert war. Ich griff nicht mehr sofort zu meinem inneren Schutzschild, dem Trotz, der Wut, dem Stinkefinger gegen die Welt. Ich begann zu atmen – nicht tief, aber bewusst. Und ich begann, zu fühlen – vorsichtig, brüchig, aber ehrlich.

Die Arbeit mit Frau Schaub war kein Wunder. Aber sie war alles, was ich brauchte. Sie war der erste Mensch, der nicht nur meine Geschichten hörte, sondern meine Zwischentöne. Sie sprach mit mir, als wäre ich nicht nur Patient, sondern Mensch. Und sie blieb, auch wenn ich weglaufen wollte – vor ihr, vor mir, vor allem. Sie stellte die Fragen, die ich am meisten hasste – weil sie mir genau das zeigten, was ich nicht sehen wollte: meine Wahrheit. Und sie hielt den Raum, wenn ich 30 Minuten lang nur dasaß und mein Schweigen lauter war als jedes Wort.

Es gab viele Rückschläge. Ich verlor mich oft wieder – in alten Mustern, alten Ängsten, alten Reaktionen. Und jedes Mal dachte ich: Jetzt hab ich's versaut. Jetzt fang ich wieder bei null an. Ich war mein schärfster Kritiker, mein gnadenloser Richter. Und ich konnte so wütend auf mich sein, wenn ich versagte – auch wenn dieses Versagen oft nur ein zu später Schlaf oder ein nicht eingehaltenes Ritual war. Ich war streng. Unerbittlich. Ich wollte perfekt sein. Stark. Kontrolliert.

Heute bin ich anders. Sanfter. Ich kann hinfallen und sagen: „Okay. Dann steh ich eben morgen wieder auf." Ich muss nicht mehr alles sofort reparieren. Ich darf schwanken, zweifeln, schreien. Und ich darf mich lieben – genau in dem Moment, in dem ich mich eigentlich am wenigsten leiden kann.

2019 kam dann der Moment, der vieles veränderte. HSP – hochsensible Persönlichkeit. Plötzlich ergab so vieles Sinn. Die Überforderung, das tiefe

Spüren, die Reizschwelle, die emotionale
Überflutung. Ich war nicht falsch. Ich war einfach
anders gestrickt. Und es war das erste Mal, dass ich
nicht das Gefühl hatte, zu übertreiben. Ich war
einfach ich – in einem System, das für andere
gebaut war.

Seitdem begann eine neue Form der Heilung. Eine,
in der ich nicht mehr gegen mich kämpfte, sondern
mit mir ging. Eine, in der ich mich nicht mehr in
Frage stellte, sondern verstehen wollte. Und Stück
für Stück erkannte ich: Ich bin nicht mein
Schmerz. Ich bin auch nicht mein Trauma. Ich bin
der Mensch, der all das überlebt hat – und der
jeden Tag aufs Neue versucht, sich selbst zu
begegnen.

Ich hatte Rückschläge, ja. Aber ich hatte auch
Menschen, die blieben. Die nicht laut waren, aber
echt. Die mich nicht motivieren wollten, sondern
einfach nur bei mir saßen. Ihre Nähe war mein
Rettungsring, als ich nicht mehr wusste, woran ich
mich festhalten sollte. Und ich selbst – ich war da,
auch wenn ich es oft nicht sah. Mein Wille. Meine

Kraft. Mein leises Weitergehen.

Ein Satz blieb bei mir: „Wer immer nur das tut,
was er immer schon getan hat – der wird auch nur
das sein, was er immer schon war." Und ich wollte
nicht mehr der sein, der ich aus Schutz geworden
war. Ich wollte der sein, der ich im Kern immer
war: sensibel. ehrlich. tief.

Heilung bedeutet für mich heute: Mich jeden Tag
neu zu fragen: „Was brauche ich?" Und manchmal
ist die Antwort: Ruhe. Manchmal: Nähe. Und
manchmal nur: Dass ich atmen darf, ohne mich
dafür rechtfertigen zu müssen.

Ich bin nicht angekommen. Aber ich bin auf dem
Weg. Und das reicht.

Denn dieser Weg – ist meiner.

Mini-Coaching: Kapitel 5 – Heilung ist kein Ziel, sondern ein Weg

🔑 Glaubenssätze aus dieser Phase

– Ich darf nur gesund sein, wenn ich keine Rückschläge mehr habe.

– Ich bin schwach, wenn ich wieder falle.

– Heilung muss schnell gehen, sonst mache ich etwas falsch.

– Ich bin nicht genug, solange ich noch kämpfe.

– Wenn ich scheitere, verliere ich meinen Fortschritt.

💡 Impulse zur Selbstreflexion

– Welche kleinen Fortschritte übersehe ich vielleicht, obwohl sie viel bedeuten?

– Wie spreche ich mit mir selbst, wenn ich einen Rückfall erlebe?

– Was bedeutet Heilung für mich – heute, nicht früher?

– Welche Ressourcen trage ich in mir, die mich auch in dunklen Momenten tragen?

⚒ Wege zur Auflösung / Veränderung

– Führe ein Rückblick-Journal mit kleinen Siegen, Erkenntnissen und Rückfällen – und lies es dir in schweren Zeiten durch.

– Erlaube dir, Heilung in Etappen zu denken –
nicht in Abschlüssen.

– Suche nicht nach der alten Version von dir –
lerne, dich in deiner neuen Form lieben zu lernen.

– Umgib dich mit Menschen, die mit dir in Stille
stehen können – nicht nur reden wollen.

– Feiere jeden Tag, an dem du dich wieder für
dich entscheidest – auch wenn es leise geschieht.

Kapitel 6: Seelentiefe & Sternenlicht

Es gibt Phasen im Leben, die nicht laut sind. Nicht dramatisch. Nicht von außen sichtbar. Aber sie verändern alles. Und genau solche Phasen sind es, die mich in das Heute geführt haben.

Heute fühlt sich mein Leben anders an. Ruhiger. Echter. Ich bin mehr bei mir als je zuvor. Nicht, weil alles perfekt ist. Nicht, weil ich angekommen wäre – sondern, weil ich aufgehört habe, ständig wegzulaufen. Ich habe keinen Lärm mehr nötig, um mich lebendig zu fühlen. Kein Publikum mehr, das mir sagt, wer ich bin. Ich bin nicht immer im Reinen mit allem, aber ich bin in Verbindung mit mir. Und das reicht.

Früher war da Chaos. Wut. Innere Lautstärke. Heute ist da Stille – nicht als Leere, sondern als Raum. Raum für mich. Für meine Wahrheit. Für das, was wirklich zählt. Es gibt Tage, da spüre ich eine Ruhe in mir, die sich fast heilig anfühlt. Und dann gibt es diese anderen Tage. Die, an denen alte Muster anklopfen – aber ich öffne ihnen nicht mehr automatisch die Tür.

Ich würde mein Inneres heute so beschreiben: klar, verletzlich, kraftvoll. Aufgeräumt – mit ein paar offenen Kartons in der Ecke. Ich bin unterwegs. Aber diesmal in meine Richtung.

Lebendigkeit bedeutet für mich heute nicht Aufregung, nicht Aktion. Sie bedeutet Präsenz. Ich spüre sie am meisten, wenn ich ganz bei mir bin. Wenn nichts rauscht, wenn keine Gedanken ziehen, wenn kein Druck mich zersetzt. Wenn ich barfuß durch Wald streife, wenn ich atme, wenn ich einfach nur bin. Oder wenn ich in der Küche stehe, Gewürze mische, die vorher nicht zusammen gedacht wurden. Wenn ich Menschen wirklich begegne – ohne Maske, ohne Ziel. Wenn sich ein Gespräch öffnet, das tiefer geht als Worte.

Natürlich – ich bin „austherapiert". So sagt man. Aber ich trage meine Themen. Ich bin hochsensibel. Und ich lebe mit einer Depression, die kommt und geht, wie sie will. Manche Tage sind schwer. Manche Nächte lang. Aber ich weiß:

Es geht vorbei. Es wird besser. Ich trage Licht in mir, auch wenn es manchmal nur glimmt.

Und dann sind da diese Momente. Die, in denen ich weiß: Ich bin genau richtig hier. In mir. In dieser Welt. Wenn ich morgens mit Kaffee am Fenster sitze und nichts will, außer sein. Wenn ich nachts unter freiem Himmel liege und merke: Ich bin Teil von all dem. Kein Fehler. Kein Umweg. Einfach Mensch.

Ich glaube, das ist es, was wir suchen: Nicht das große Glück. Sondern diese leisen „Ja"-Momente. Diese stillen Zustimmungen aus dem Leben, die sagen: Du bist genug.

Menschen? Ja, die gibt es. Nicht viele. Aber die richtigen. Menschen, die nichts von mir wollen außer Echtheit. Die mich sehen, auch wenn ich leise bin. Die bleiben, wenn ich keine Worte finde. Und dann sind da meine Rituale. Der erste Kaffee. Das Kochen. Das Gehen. Das Schreiben. Manchmal auch nur ein Lied. Ein Ton, ein Klang – und ich finde zurück.

Schmerz ist kein Feind mehr. Ich habe aufgehört, ihn zu bekämpfen. Er ist Teil von mir. Wie Freude. Wie Angst. Ich lasse ihn durch mich durchfließen, ohne mich von ihm verschlingen zu lassen. Auch Angst ist noch da. Aber sie steuert mich nicht mehr. Ich sehe sie, nehme sie wahr, und gehe trotzdem weiter. Und Unsicherheit? Ich verberge sie nicht mehr. Ich spreche sie aus. Weil sie mich menschlich macht.

Wenn ich meinem früheren Ich heute begegnen würde, dann würde ich mich einfach neben ihn setzen. Ich müsste nicht viel sagen. Ich wäre einfach da. Und wenn ich doch spräche, würde ich sagen: „Du machst das gut. Du versuchst, dich zu schützen. Und das ist okay."

Ich würde ihm Udo vorspielen. „Wieder genauso". Und ich würde meinen Arm um ihn legen. Nicht lang. Nur fest genug, dass er versteht: Er wird da durchkommen.

Und irgendwann… wird er frei sein.

Mini-Coaching: Kapitel 6 – Seelentiefe & Sternenlicht

🔑 Glaubenssätze, die sich langsam lösen dürfen

– Ich muss mich beweisen, um geliebt zu werden.

– Ich darf nicht einfach sein – ich muss etwas leisten.

– Wenn ich leise bin, bin ich weniger wert.

– Ich darf meine Tiefe niemandem zumuten.

– Ich muss mich für meine Verletzlichkeit schämen.

💡 Impulse zur Selbstreflexion

– Wann habe ich mich das letzte Mal wirklich lebendig gefühlt?

– Was tut meiner Seele gut – und warum tue ich es so selten?

– Wen oder was lasse ich zu nah an mich ran – obwohl es mich erschöpft?

– Was bedeutet es für mich, in Verbindung mit mir selbst zu sein?

⚒ Wege zur Verbindung mit der eigenen Tiefe

– Führe ein Abendritual ein – fünf Minuten nur für dich, ohne Leistung, ohne Ablenkung.

– Schreib dir einen Brief – von deinem jetzigen Ich an dein früheres.

– Such dir einen Ort in der Natur, der nur dir gehört – und besuche ihn regelmäßig.

– Sag dir morgens beim Zähneputzen: 'Ich bin da. Und das ist genug.'

– Lerne, mit deiner Stille zu tanzen, anstatt sie zu übertönen.

Kapitel 7: Ich bin – und das ist genug

Es gab Zeiten, in denen ich mich selbst nur durch die Augen anderer sehen konnte – als wäre ich nur dann jemand, wenn ich jemand für jemand anderen war. Ich passte mich an, funktionierte, lächelte, wo ich innerlich weinte, und schwieg, obwohl in mir ein ganzer Ozean aus Emotionen tobte. Ich war ein Chamäleon, immer in Bewegung, immer im Versuch, zu gefallen, dazuzugehören, nicht aufzufallen, nicht zu stören. Und je mehr ich versuchte, Teil der Welt zu sein, desto weniger war ich Teil von mir.

Heute ist das anders. Nicht weil ich plötzlich weiß, wie alles geht, nicht weil ich „fertig" bin – sondern weil ich aufgehört habe, mich ständig zu hinterfragen. Ich weiß heute: Ich bin nicht weniger wert, nur weil ich still bin. Nicht weniger liebenswert, nur weil ich nicht immer funktioniere. Nicht weniger echt, nur weil ich manchmal noch falle.

Ich bin heute nicht mehr auf der Flucht vor mir

selbst. Ich renne nicht mehr, um irgendwo anzukommen, weil ich verstanden habe, dass es kein „dort draußen" gibt, das mir geben kann, was ich in mir finden muss. Ich habe aufgehört, meine Schatten zu bekämpfen, und stattdessen angefangen, sie zu umarmen. Ich bin nicht mehr nur das, was ich überlebt habe – ich bin das, was ich daraus gemacht habe.

Meine Tage sind nicht immer leicht. Ich habe noch immer Fragen, Zweifel, Momente der Unsicherheit – aber ich verurteile mich nicht mehr dafür. Ich atme durch. Ich halte inne. Und ich frage mich nicht mehr ständig: „Warum bin ich so?" – sondern: „Was brauche ich gerade?"

Ich bin heute weicher – nicht schwächer. Ich bin verletzlicher – aber nicht schutzlos. Ich bin tiefer – ohne mich in der Tiefe zu verlieren.

Ich bin nicht mehr damit beschäftigt, alles zu kontrollieren. Ich lasse zu. Ich lasse los. Ich vertraue. Nicht blind – aber mit einem Herzen, das gelernt hat, dass nicht alles im Leben logisch sein muss, um richtig zu sein.

Es gibt Menschen in meinem Leben, die mich so
sehen, wie ich bin – und ich habe aufgehört, mich
vor ihnen zu verstecken. Ich muss nichts mehr
beweisen, niemandem. Ich darf da sein. Ich darf
fühlen. Ich darf still sein, laut sein, anders sein. Ich
darf ich sein – ohne Erklärung, ohne Abstriche,
ohne Kompromiss mit meiner Wahrheit.

Ich weiß heute: Ich bin kein Entwurf, der erst
noch fertig werden muss. Kein Projekt. Kein
Versuch. Ich bin. Punkt.

Und das, was ich bin, ist genug.

Vielleicht war das immer schon genug – ich musste
es nur erst selbst glauben lernen.

Und genau das tue ich jetzt. Jeden Tag ein kleines
bisschen mehr.

Mini-Coaching: Kapitel 7 – Ich bin – und das ist genug

🔑 Glaubenssätze, die dich kleinhalten könnten

– Ich muss immer stark sein, sonst verliere ich den Respekt.

– Ich bin nur dann liebenswert, wenn ich funktioniere.

– Wenn ich mich nicht erkläre, werde ich nicht verstanden.

– Es reicht nicht, einfach zu sein – ich muss etwas leisten.

– Meine Gefühle sind zu viel – ich bin zu viel.

💡 Impulse zur Selbstreflexion

– Was würde sich verändern, wenn ich mich selbst nicht mehr entschuldigen müsste?

– Wem versuche ich immer noch etwas zu beweisen – und warum?

– In welchen Momenten spüre ich: Ich bin genug – ganz ohne äußere Bestätigung?

– Wie würde mein Leben aussehen, wenn ich mir selbst vollkommen vertrauen könnte?

🕊 Sanfte Wege zur Selbstannahme

– Erinnere dich jeden Morgen an etwas, das du
gestern gut gemacht hast – auch wenn es klein
war.

– Begegne deinem Spiegelbild täglich mit einem
Satz der Wertschätzung.

– Lerne, in Momenten der Unsicherheit liebevoll
mit dir zu sprechen – wie mit deinem jüngeren
Ich.

– Umgib dich mit Menschen, bei denen du nicht
'jemand' sein musst, sondern einfach 'du'.

– Feiere deinen Mut – auch dann, wenn er sich
nur nach einem stillen Ja anfühlt.

Kapitel 8: Wenn Leben sich entfalten darf

Freiheit hat heute ein anderes Gesicht als früher. Sie trägt keine lauten Farben mehr, keine provokanten Gesten, keinen Trotz. Sie ist nicht mehr der Mittelfinger gegen ein System, das mich nicht gesehen hat. Sie ist nicht mehr der Ruf nach Unabhängigkeit, der so laut werden musste, weil ich selbst mich nicht gehört habe.

Heute ist Freiheit leiser geworden. Tiefer. Echter.

Freiheit bedeutet für mich heute, mich selbst nicht mehr kleinzureden. Es bedeutet, dass ich mich nicht mehr verbiegen muss, um in ein Bild zu passen, das nie für mich gemacht wurde. Ich sage nicht mehr „Ja", wenn mein Inneres längst ein „Nein" flüstert. Ich schäme mich nicht mehr für meine Bedürfnisse. Ich verteidige mich nicht mehr, wenn ich Ruhe brauche. Ich erkläre mich nicht mehr, wenn ich einfach nur bin.

Freiheit bedeutet, dass ich nicht mehr leisten muss,

um wertvoll zu sein. Ich darf existieren – auch an Tagen, an denen ich nichts schaffe. Auch an Tagen, an denen ich mich nicht ausstehen kann. Auch an Tagen, an denen ich einfach nur durchhalte. Und das reicht.

Ein guter Tag beginnt heute nicht mit einem Erfolg, sondern mit einem tiefen Atemzug. Mit einem Moment der Stille. Vielleicht mit Musik. Vielleicht mit einem Blick aus dem Fenster. Er ist dann gut, wenn ich mich nicht verliere – wenn ich mir treu bleibe. Wenn ich nicht über meine Grenzen gehe, nur um zu gefallen. Wenn ich ehrlich war. Wenn ich gelacht habe, echt und ungespielt. Wenn ich gekocht habe oder geschrieben oder einfach nur war.

Und wenn ich abends ins Bett gehe und denke: „Ich hab heute nichts Besonderes getan – aber ich war da. Ich war bei mir." Dann war es ein verdammt guter Tag.

Die Beziehungen, die ich heute führe, sind nicht viele – aber sie sind echt. Ich bin nicht mehr das

Chamäleon von früher, das sich anpasst, um nicht zu stören. Ich bin nicht mehr der Mensch, der Nähe sucht und sich selbst dabei verliert. Heute bin ich ehrlich. Auch dann, wenn es bedeutet, unbequeme Dinge auszusprechen. Auch dann, wenn es bedeutet, allein zu bleiben.

Ich ziehe Grenzen – nicht aus Kälte, sondern aus Selbstachtung. Ich weiß heute, dass Schweigen auch Nähe bedeuten kann. Dass Tiefe nicht laut sein muss. Dass Liebe nicht immer spektakulär sein muss, aber immer spürbar. Ich liebe heute anders – nicht aus Angst, sondern aus Freiheit.

Und die wichtigste Beziehung ist die zu mir selbst. Ich bin nicht immer freundlich zu mir. Aber ich bin nicht mehr mein Feind. Ich höre hin. Ich nehme mich ernst. Ich halte mich aus, auch an dunklen Tagen. Ich bin mein Zuhause geworden.

Ich habe über Liebe gelernt, dass sie nicht immer das ist, was man hofft – aber oft mehr, als man zu glauben wagt. Dass sie nicht laut sein muss. Nicht fordernd. Nicht bedingungsvoll. Dass sie da ist –

auch wenn sie nicht perfekt ist. Vor allem dann.

Wenn ich in die Zukunft blicke, dann wünsche ich mir keinen Reichtum, keinen Applaus, kein Drama. Ich wünsche mir Frieden. Innen wie außen. Ich wünsche mir, dass ich weiter wachsen darf. In meinem Tempo. In meiner Tiefe. Dass ich Menschen begegne, die mich fühlen, nicht nur hören.

Entfaltung bedeutet für mich, die beste Version meiner selbst zu werden – nicht, weil ich muss, sondern weil ich will. Weil da noch so viel in mir ist, das gesehen werden will. Gehört. Gelebt.

Und ich weiß: Ich bin auf dem Weg.

Mini-Coaching: Kapitel 8 – Wenn Leben sich entfalten darf

🔑 Glaubenssätze, die dich im Wachstum hemmen könnten

– Ich darf erst glücklich sein, wenn alles perfekt ist.

– Wenn ich mich verändere, verliere ich Menschen.

– Ich muss mich beweisen, um wertvoll zu sein.

– Ich bin nur dann sicher, wenn ich mich anpasse.

– Wachstum heißt, nie wieder zu zweifeln.

💡 Impulse zur Selbstreflexion

– Was bedeutet für mich 'Freiheit' – heute, im Kleinen?

– Wann fühle ich mich echt – ganz ohne Rolle, ganz bei mir?

– Was darf heute in mir wachsen, auch wenn es noch zaghaft ist?

– Welche Beziehungen nähren mein Inneres – und welche ziehen mich weg von mir?

🌱 Sanfte Wege zur Entfaltung

– Gönne dir bewusste Pausen – nicht als Flucht, sondern als Raum für Entwicklung.

– Feiere kleine Schritte – sie tragen oft mehr als große Sprünge.

– Führe ein 'Was-tut-mir-gut'-Tagebuch über
Menschen, Momente, Gedanken.
– Erinnere dich regelmäßig: Du bist nicht mehr
dort, wo du mal warst.
– Gib deinem Inneren die Erlaubnis, nicht perfekt,
aber echt zu sein.

Kapitel 9: Von Innen nach Außen

Ich spiele keine Rollen mehr.

Ich bin nicht mehr das, was andere in mir sehen wollen. Ich bin nicht mehr das, was leicht zu ertragen ist. Ich bin nicht mehr die Version von mir, die niemandem wehtut, nur damit niemand weggeht.

Ich passe mich nicht mehr an, nur damit es anderen leichter fällt, mit mir klarzukommen. Ich glätte mich nicht, schleife nicht an meinen Ecken, dämpfe nicht mein Licht und decke nicht meine Schatten zu. Ich zeige mich – mit allem, was ich bin. Mit Klarheit. Mit Haltung. Mit der Ruhe, die aus Durchbruch entstanden ist.

Früher war mein Auftreten ein Schutzschild. Eine Maske. Eine kontrollierte Form, um Kontrolle zu behalten. Heute ist es eher ein Fenster. Nicht jeder darf durchschauen, aber es ist offen. Und ich entschuldige mich nicht mehr dafür, dass ich anders bin.

Wenn ich Menschen begegne, dann echt. Nicht angepasst. Nicht für Show. Nicht im Modus „Hauptsache angenehm". Ich will keine Gespräche, die nur aus Höflichkeitsfloskeln bestehen. Ich will Verbindung. Ich will Tiefe. Ich will da sein. Und ich will gesehen werden – so wie ich bin.

Ich höre zu, ohne zu analysieren. Ich antworte, ohne mich zu verbiegen. Ich spreche, wenn ich etwas zu sagen habe. Und ich schweige, wenn mein Inneres keine Worte braucht. Ich wahre meine Grenzen. Ich verschenke mich nicht mehr vollständig. Was ich gebe, kommt von Herzen – aber nicht mehr aus der Angst, nicht zu reichen.

Meine Geschichte? Ich verstecke sie nicht mehr. Ich schäme mich nicht für sie. Ich muss sie auch nicht mehr überall hintragen. Ich trage sie einfach mit mir – wie man eine Narbe trägt. Nicht um sie zu zeigen. Sondern weil sie da ist. Und weil sie Teil ist von dem, was mich heute trägt.

Ich teile meine Geschichte, wenn es Sinn ergibt. Wenn jemand wirklich hinhört. Wenn ein Raum da ist, der echt ist. Nicht, weil ich Mitleid will. Nicht, weil ich Applaus will. Sondern weil da vielleicht jemand sitzt, der darin ein Stück von sich erkennt.

Und ja – ich will helfen. Aber nicht als Held. Nicht als Heiler. Nicht als der, der rettet. Ich will Raum geben. Für andere. Für ihre Geschichten. Für ihr Chaos. Für ihre Wahrheit. Wenn meine Worte, mein Blick, mein Dasein jemandem zeigen, dass es weitergeht – dann reicht das. Dann ist das genug.

Ich bleibe heute bei mir, auch wenn außen etwas anderes will. Ich sage „nein", wenn mein Inneres es flüstert. Ruhig. Klar. Ohne Drama. Ohne Schuld. Ich verliere mich nicht mehr, um dazuzugehören. Ich beuge mich nicht mehr, um zu gefallen.

Ich bin bei mir geblieben. Und genau da bin ich am stärksten.

Was ich nie wieder verlieren will?

Meine Klarheit. Meine Grenze. Mein Gefühl für mich. Mein JA – das nicht mehr abhängig ist vom Außen. Meine Fähigkeit, mich zu halten – auch wenn's keiner sonst tut.

Ich will nie wieder diese Version von mir werden, die ich sein musste, um zu überleben.

Ich will bleiben, wie ich heute bin: echt. Mit Ecken. Mit Tiefe. Mit einem klaren Blick und einem offenen Herz – für mich zuerst. Und dann für alle, die mich wirklich sehen wollen.

Mini-Coaching: Kapitel 9 – Von Innen nach Außen

🔑 Glaubenssätze, die du loslassen darfst

– Ich darf mich nicht zeigen, wie ich wirklich bin.

– Wenn ich nicht funktioniere, bin ich nichts wert.

– Ich muss es immer allen recht machen, sonst verliere ich sie.

– Ich darf keine Grenzen setzen – sonst bin ich egoistisch.

– Meine Geschichte ist zu viel – ich bin zu viel.

💡 Impulse zur Selbstreflexion

– Wo in meinem Leben spiele ich noch Rollen, die ich längst ablegen möchte?

– Was braucht mein Innerstes, wenn ich in Begegnung mit anderen gehe?

– Wie spüre ich meine Grenzen – und wie spreche ich sie aus?

– Was bedeutet es für mich, sichtbar zu sein – nicht perfekt, aber echt?

💭 Wege zu mehr Präsenz & Selbstrespekt

– Übe dich in ehrlicher Kommunikation – mit anderen, aber vor allem mit dir selbst.

– Sag bewusst 'Nein' – auch zu kleinen Dingen, wenn dein Gefühl es flüstert.

– Schreib dir eine Erinnerung auf: 'Ich bin genug – auch ohne Zustimmung von außen.'

– Umgib dich mit Menschen, die dein echtes Ich sehen *wollen*, nicht nur tolerieren.

– Mach dir bewusst: Nicht jede Einladung verdient deine Energie – aber du verdienst deinen Frieden.

Nachwort

Was es bedeutet, diese Worte loszulassen?

Freiheit.
Freude.
Mut.

All das, was es braucht, um sich selbst zu begegnen
– ehrlich, zart, ungeschönt.

Ich wünsche dir, der du diese Seiten gelesen hast,
dass du dich nicht mehr dafür entschuldigst, wer
du bist.
Dass du erkennst: Du musst nicht jedem gefallen.
Dass du dir selbst Freund wirst – und vielleicht
drei echte Freunde findest, die dich lieben, wie du
bist.

Ich wünsche dir, dass du aufhörst, dich ständig
verbessern zu wollen –
und anfängst, dich anzunehmen.
Nicht als Endversion.
Sondern als guten Anfang.

Und wenn du jetzt am Ende angekommen bist,

dann wünsche ich dir vor allem eines:

Dass du berührt wurdest.

Still. Tief. Wahr.

Und wer weiß...

Vielleicht ist das hier gar kein Ende.

Sondern der erste Satz einer Fortsetzung, die du

selbst schreiben wirst.